LE
SARCOPHAGE DE NAPOLÉON
EN
SON TOMBEAU DES INVALIDES

PAR

L. LÉOUZON LE DUC

CHARGÉ, EN 1846, DE LA MISSION DE RECHERCHER,
EN RUSSIE, LE PORPHYRE ROUGE ANTIQUE DESTINÉ A LA CONSTRUCTION
DU SARCOPHAGE DE NAPOLÉON.

PARIS
TYPOGRAPHIE GEORGES CHAMEROT
RUE DES SAINTS-PÈRES, 19

M DCCC LXXII

LE

SARCOPHAGE DE NAPOLÉON

EN

SON TOMBEAU DES INVALIDES.

LE
SARCOPHAGE DE NAPOLÉON
EN
SON TOMBEAU DES INVALIDES

PAR

L. LÉOUZON LE DUC

CHARGÉ, EN 1846, DE LA MISSION DE RECHERCHER,
EN RUSSIE, LE PORPHYRE ROUGE ANTIQUE DESTINÉ A LA CONSTRUCTION
DU SARCOPHAGE DE NAPOLÉON.

PARIS
TYPOGRAPHIE GEORGES CHAMEROT
RUE DES SAINTS-PÈRES, 19

M DCCC LXXIII.

AVIS.

Le Schah de Perse a visité le tombeau de l'empereur Napoléon aux Invalides; et, comme il fallait s'y attendre, il en a été profondément impressionné.

A propos de cette visite, notamment en ce qui concerne le *Sarcophage*, plusieurs journaux ont donné des détails erronés ou inexacts. Je crois devoir les rectifier; et je puis le faire avec d'autant plus de compétence que j'ai dirigé officiellement toutes les négociations et conclu tous les marchés relatifs soit à l'acquisition et à l'exportation en Russie, soit au transport en France, du porphyre destiné à la construction du sarcophage impérial.

Tel est le but de cette notice. Elle est courte, mais elle touche à tous les points importants d'une campagne qui dans le temps a soulevé des discussions ardentes, et sur laquelle il me paraît d'un intérêt patriotique de ne pas laisser s'obscurcir la vérité.

L. LÉOUZON LE DUC.

Paris, le 15 juillet 1873.

LE SARCOPHAGE DE NAPOLÉON EN SON TOMBEAU DES INVALIDES.

I.

Le tombeau de l'empereur Napoléon Ier, érigé sous le dôme des Invalides, a été inauguré le 7 avril 1861 par le cardinal-archevêque de Paris, en présence de l'empereur Napoléon III, entouré des princes de sa famille, des maréchaux, des grands officiers de la couronne, des membres du conseil privé, du gouverneur des Invalides, du grand chancelier de la Légion d'honneur, et du commandant en chef de la garde nationale.

Cette imposante cérémonie a enfin consacré, après plus de vingt ans de travaux ou d'attente, un monument qui, s'il n'est pas au-dessus de toute critique, n'en sera pas moins toujours une des plus belles œuvres de l'art contemporain, et dont l'exécution suffirait à elle seule pour illustrer l'architecte qui y a mis son nom. Visconti n'a pas pu y assister, comme c'était son vœu le plus cher; il était mort!

Je désire que mes cendres reposent sur les bords de la Seine, au milieu de ce peuple français que j'ai tant aimé.

Ces paroles, expression de la dernière volonté de l'empereur mourant à Sainte-Hélène, ont été gravées sur une table de marbre noir, au fronton de la porte en bronze qui s'ouvre sur le vaste escalier en marbre blanc conduisant à la crypte souterraine. C'est la première inscription qui frappe les yeux; on ne pouvait assurément indiquer la destination du tombeau en termes à la fois plus précis et plus émouvants.

De chaque côté de la porte, adossées au soubassement du maître autel du dôme, veillent, ainsi que deux sentinelles, immobiles comme la mort, deux colossales statues persiques en bronze, exécutées par Duret, tenant entre leurs mains, sur un coussin, l'une le globe, l'autre le sceptre impérial, complément grandiose de l'éloquente inscription du fronton.

Le tombeau de l'Empereur occupe en grande partie, entre les tombeaux de Turenne et de Vauban, le périmètre souterrain du dôme des Invalides. Il est creusé au niveau des fondations, mais ouvert par le haut, que garde une balustrade circulaire en marbre blanc; de sorte qu'après avoir contemplé, en plongeant les regards dans la crypte, les glorieux souvenirs de Napoléon, on est saisi, en les relevant vers le ciel, du spectacle de l'œuvre splendide de Louis XIV.

II.

Pénétrons, par l'escalier de marbre, dans l'intérieur de la crypte. Nous trouvons d'abord, se déroulant tout autour et comme en formant la ceinture symbolique, une galerie dont les parois sont revêtues de dix bas-reliefs en marbre blanc[1], représentant les principaux actes de Napoléon comme législateur et homme d'État. Ainsi : *la Pacification des troubles civils; le Concordat; l'Administration; le Conseil d'État; le Code; l'Université; la Cour des comptes; les Encouragements donnés au commerce et à l'industrie; les Travaux publics; la Légion d'honneur.* La galerie est éclairée par des lampes funéraires en bronze suspendues au plafond.

A côté de l'homme d'État, mais plus en vue, vient le guerrier. Douze cariatides de grandeur colossale, en marbre blanc, signées du nom de Pradier, rappellent les douze principales victoires de l'Empereur, victoires dont les noms sont gravés, en outre, sur la balustrade de la galerie, entre les couronnes sculptées qui en ornent le fond d'un poli mat.

Ces cariatides occupent le pourtour de la crypte et font face au sarcophage.

Le sarcophage, qui n'a pas moins de quatre mètres

[1] Ces bas-reliefs ont été exécutés, sous la direction de Simart, par Canut, Petit, Chambart et Ottin.

de longueur sur deux mètres de largeur, et quatre mètres cinquante centimètres de hauteur, est en porphyre ou grès rouge antique. Il s'élève, dans sa majesté sévère, sur un piédestal de granit vert des Vosges, au centre de la crypte, dont le sol, pavé de marbre, figure une immense auréole d'un jaune d'or, à travers les rayons de laquelle serpente une couronne de lauriers en mosaïque incrustée.

Tel est, dans son ensemble imposant, le tombeau de l'Empereur. Il faut y joindre encore le reliquaire. L'architecte a donné ce nom à un asile sombre et mystérieux creusé à l'extrémité de la crypte, vis-à-vis de l'entrée du monument. On y conserve, entre des trophées de drapeaux, le chapeau de Napoléon, ses décorations et l'épée qu'il portait à Austerlitz.

Au fond du reliquaire apparaît la statue de l'Empereur en costume du sacre, tenant dans sa main droite le sceptre orné d'un aigle, et dans sa main gauche le globe surmonté d'une couronne. Cette statue, œuvre de Simart, est en marbre blanc et a deux mètres dix-huit centimètres de hauteur; elle ressort vigoureusement sur le fond du reliquaire, dont les parois sont plaquées de marbre noir. Une grille en fer clôt cet espace réservé qu'éclaire une lampe funéraire d'un magnifique travail.

III.

La partie capitale du tombeau est évidemment le

sarcophage, car c'est dans son sein que repose le corps du grand capitaine; il se distingue en outre par sa masse gigantesque et par les circonstances extraordinaires qui se rattachent à son importation en France.

La matière dont est formé le sarcophage vient d'un endroit appelé Chokcha, situé dans le gouvernement d'Olonetz, sur les bords du lac Onéga.

Le gouvernement d'Olonetz, borné à l'ouest par le lac Ladoga et la Finlande, au nord et au nord-est par le gouvernement d'Arkhangel, au sud-est par celui de Vologda, et au sud par ceux de Novgorod et de Saint-Pétersbourg, couvre un territoire d'environ trois mille milles carrés géographiques, et renferme une population de près de quatre cent mille âmes. Ainsi, ce gouvernement, qui appartenait originairement à la Finlande, constitue aujourd'hui une des cinquante provinces administratives de la Russie.

Certes, lorsqu'au milieu des flammes de sa vieille capitale, de ses tempêtes glacées et de ses frimas meurtriers, la Russie préludait si énergiquement à cet immense glas funéraire, dont le dernier coup devait sonner à Sainte-Hélène, elle était loin de prévoir qu'il viendrait un jour où on lui demanderait une tombe pour celui dont elle aurait ainsi annoncé le trépas. Destinée étrange! Comme si entre Napoléon et la Russie il y avait une sorte de compromis suprême, et qu'après avoir cherché en vain, pendant sa vie, à faire de l'empire des tzars le plus beau trophée de son empire, le grand capitaine eût voulu en tirer, du moins après sa mort, le plus bel ornement de son sépulcre.

Par suite de circonstances qu'il serait trop long de rapporter ici, je fus appelé à coopérer à l'exécution de cette grande idée. Dans le plan soumis par lui au gouvernement, l'architecte du monument impérial avait suggéré, pour la construction du sarcophage, l'emploi du porphyre rouge antique, c'est-à-dire de la même pierre qui recouvrait jadis la cendre des empereurs romains.

Mais où trouver ce porphyre ? Les carrières d'où Rome le tirait sont perdues. On tenta d'y suppléer en faisant des recherches en Grèce, en Corse et dans plusieurs localités de la France où l'existence de la précieuse matière était signalée. Toutes ces recherches n'aboutirent à aucun résultat. Déjà l'on songeait à modifier le plan de l'architecte, quand tout à coup on apprit que, parmi les minerais si variés qui couvrent leur sol, la Russie et la Finlande comptaient aussi le porphyre désiré ; des échantillons furent même envoyés de Saint-Pétersbourg à Paris.

Dès lors le problème était résolu. Toutefois, pour arriver au but que l'on se proposait, il ne suffisait pas d'être fixé sur l'existence du porphyre, il fallait encore savoir à quoi s'en tenir sur ses gisements, sur la dimension de ses blocs, sur les moyens de procéder à leur extraction et à leur transport. Or, eu égard à ces divers points, on ne possédait aucun renseignement de quelque valeur.

Ceci se passait en 1846. A cette époque, j'étais sur le point de partir pour les pays du nord de l'Europe, chargé d'une mission scientifique. Le ministère de l'intérieur résolut de profiter de mon voyage pour me confier la solution définitive de la question du porphyre. Je me mis en route, muni des instructions et de tous les moyens d'action nécessaires pour mener à bonne fin cette importante affaire.

IV.

Arrivé à Saint-Pétersbourg vers la fin d'août, je m'occupai sans retard de l'objet de ma mission. Il s'agissait, comme je le disais tout à l'heure, de trouver un porphyre ou grès reproduisant exactement le ton du rouge antique, et pouvant donner des masses suffisantes pour former le gigantesque sarcophage que l'on se proposait d'élever à Napoléon. Une exploration préalable était par là même indiquée; je l'entrepris.

Ma première démarche fut une visite au corps impérial des mines. Cet établissement, miroir géologique de tout l'empire, est sans contredit le plus riche, le plus complet de ce genre qui soit en Europe. Les montagnes de la Laponie et de la Finlande, les monts Valdaï et les Krapacks, les montagnes de la Tauride et du Caucase, le vaste Oural avec les monts Altaï,

Nerschinski et Baïkals, la Sibérie et le Kamtchatka, toutes les parties de la Russie ont payé et payent encore chaque jour au corps des mines de Saint-Pétersbourg un généreux tribut. Topazes de toute nuance, rubis, béryls, améthystes, émeraudes, aventurines, agates, onyx, lapis-lazuli, turquoises, aigues-marines, grenats, pierres de Labrador, malachites, marbres, porphyres; quelles richesses de la terre ne s'y trouvent pas représentées? Magnifique damier dont chaque case est une pure et scintillante étoile. Et, au milieu de tout cela, une énorme masse d'or brut gisant à terre comme la fortune d'un empire fondue dans un jour d'incendie et solidifiée au souffle de l'orage.

Mais le corps des mines n'est pas seulement une exposition des produits géologiques et minéralogiques de la Russie, c'est encore une école destinée à former des ingénieurs. On y a disposé pour cela, dans un vaste musée, tous les instruments et appareils servant à exploiter le minerai et à le mettre en œuvre. Ces instruments et appareils sont faits avec tant d'art, ils fonctionnent avec tant de netteté, qu'à travers ces miniatures on se figure sans peine en quoi consiste le travail des ouvriers mineurs et quels en sont les résultats. Je sortis du corps des mines parfaitement édifié sur les procédés qu'il m'importait de connaître pour l'extraction du porphyre.

Du corps des mines, je me rendis à Péterhoff pour y étudier, dans des ateliers spéciaux appartenant à la couronne, les ateliers de taille et de polissage; puis à Cronstadt, où je recueillis toutes les informations nécessaires pour le chargement et le transport des blocs que j'aurais un jour à confier à la mer.

Tandis que je visitais ainsi successivement les diverses localités voisines de Saint-Pétersbourg, où j'avais la certitude de recueillir des renseignements utiles à l'objet de ma mission, je ne négligeais pas les ressources que m'offrait sous ce rapport la capitale elle-même. Que de sujets intéressants presque à chaque pas! Ici, la colonne érigée à la mémoire de l'empereur Alexandre Ier, monolithe de granit de Finlande dont la hauteur dépasse celle de la colonne Trajane, de la colonne de Pompée et de tous les obélisques du monde[1]; là, la cathédrale d'Isaac, si riche de granit, de marbre et de porphyre; partout des

[1] L'obélisque érigé en 1834 par l'empereur Nicolas en l'honneur de l'empereur Alexandre, et qui porte le nom de *colonne Alexandrine*, est un des plus beaux monuments de ce genre qu'on puisse voir. Le fût, tiré d'un seul bloc de granit, et pesant 150,000 livres, repose sur un piédestal également de granit. Au sommet de la colonne se dresse un ange tenant d'une main une longue croix et de l'autre montrant le ciel. Sur le piédestal on lit cette inscription en langue russe : *A Alexandre Ier la Russie reconnaissante*. Des figures allégoriques en bronze représentant la Vistule, le Niémen, la Victoire, la Paix, la Justice, la Clémence, recouvrent les quatre faces du piédestal. Depuis la base jusqu'à l'extrémité de la croix qui la termine, la colonne Alexandrine a 154 pieds. L'extraction du fût et du piédestal, de même que leur transport de la carrière finlandaise à Saint-Pétersbourg, distance de quarante lieues, reviennent à près de 700,000 francs. C'est à l'habileté et aux soins de l'architecte français, M. de Montferrant, que la Russie doit ce magnifique ouvrage.

statues, des colonnes, des vases de toutes formes. Mais, ce qui excita surtout mon attention, ce sont les dix cariatides qui ornent aujourd'hui le péristyle du musée impérial. Les cariatides, toutes d'une seule pièce et hautes de dix-huit pieds, sont sorties des carrières de siénite ou granit de Serdapol, sur les bords du lac de Ladoga[1]. Chaque bloc brut, à son entrée dans le chantier, ne pesait pas moins de deux mille pouds, c'est-à-dire environ trente-trois mille kilos. Mais quelle curieuse opération que celle de la taille et du polissage de ces énormes pierres ! Après que chaque bloc a été dégrossi par les manœuvres, et que l'artiste y a buriné les principaux délinéaments, trente ouvriers de *première main*[2] (*pervaia rouka*) s'en emparent ; puis, se dispersant sur l'étendue du colosse, ils le dépouillent peu à peu des restes de son enveloppe grossière, tantôt le déchirant à l'aide d'instruments aigus et tranchants, tantôt le frappant en cadence avec de petits marteaux d'acier, tantôt enfin le frottant mollement avec des fers polis, du sable fin humidifié et de l'émeri. Ce travail est long : long par le procédé lui-même, long surtout par le caractère de l'ouvrier moscovite, lequel est doué, comme on sait, d'une incroyable paresse et d'une patience à toute épreuve.

[1] Le siénite de Serdapol est une pierre grise tachetée de noir, qui égale presque le porphyre en magnificence et en dureté.

[2] Les tailleurs de pierre se divisent en Russie en trois mains ou classes, suivant leur degré d'habileté. Cette division sert de base pour la fixation de leurs salaires.

V.

Donc, j'avais recueilli à Saint-Pétersbourg, à Péterhoff et à Cronstadt, tous les renseignements que l'on pouvait m'y donner sur le porphyre que j'avais mission de rechercher. Il ne s'agissait plus que de me rendre aux carrières, afin d'en étudier les gisements et d'en organiser l'exploitation. Ici, de graves complications se présentaient. Le porphyre révélé par les échantillons qui avaient été envoyés à Paris, et dont on m'avait montré les similaires ou analogues dans les divers établissements minéralogiques que j'avais visités, ce porphyre n'existait que dans le gouvernement d'Olonetz, c'est-à-dire dans l'ancienne Finlande ou Karélie russe. Mais les difficultés d'entreprendre une exploitation dans un pareil pays étaient prodigieuses. Pour en donner une idée, je ne citerai qu'un seul fait. Il existe à Saint-Pétersbourg une magnifique collection de manuscrits français enlevés à la Bastille en 1789. Les Russes tiennent très-fort à ce dépôt. Or, en 1812, craignant de le voir repris par Napoléon lui-même s'il parvenait jusqu'à leur capitale, ils disposèrent tout pour qu'il fût expédié dans le gouvernement d'Olonétz, persuadés que personne au monde ne songerait à aller le chercher dans une contrée aussi sauvage.

Si les difficultés matérielles qui m'attendaient dans ce gouvernement étaient de nature à m'émouvoir, les obstacles moraux que je devais y rencontrer et qu'il serait trop long de raconter ici, me préoccupaient encore plus.

Je songeai donc à diriger mon exploration vers l'île de Hogland. Cette île, située entre l'Esthonie et la Finlande, sur laquelle j'avais été jeté quelques années auparavant par une tempête, avait laissé dans mon esprit comme un souvenir d'immenses richesses minéralogiques. Ce souvenir me fut confirmé par plusieurs personnes compétentes, entre autres par le savant M. Nordenskôld, directeur général des mines de Finlande, lequel m'assura positivement que je trouverais à Hogland le porphyre rouge que je cherchais.

Nous étions en plein automne. Ce n'était pas chose facile que de se rendre à l'île de Hogland, à une époque où le golfe de Finlande est presque toujours soulevé par les orages, et où il ne reste d'autres moyens de transport que de misérables barques pontées, dont la location ne s'obtient encore qu'à grand'-peine. Mais ce voyage m'offrait tant d'heureuses éventualités, soit pour la liberté et la rapidité de mes opérations, soit pour une économie considérable dans les frais, que je résolus de tout braver pour l'entreprendre.

On se figurerait difficilement ce qu'était en 1846 la route qui sépare la ville de Saint-Pétersbourg de la frontière de Finlande. Nos chemins de traverse les plus ingrats sont de belles et douces chaussées comparatívement. Peut-être s'en fera-t-on une idée si on essaye une promenade à travers ces carrières déblayées, où le sol, diversement accidenté, est jonché de débris aigus, et où de gros moellons jetés çà et là abritent une boue impure ou de putrides flaques d'eau. Il va sans dire que sur de pareilles routes les accidents sont fréquents. Les meilleures voitures y succombent. Aussi, à peine avais-je atteint la trentième verste, que déjà ma pauvre calèche était aux abois. Arrivé à la frontière, je la remis mutilée aux mains d'un charron; et pour ne pas retarder mon voyage, en attendant qu'elle fût réparée, je montai sur un chariot de poste du pays, c'est-à-dire sur un tombereau, un véritable tombereau. Par une sorte de raffinement que certes j'étais loin de prévoir, on trouva moyen, à quelques lieues de là, de me servir un véhicule, encore plus élémentaire et plus primitif. C'était un cadre en bois fixé sur double essieu auquel on avait adapté une vieille natte d'écorce de bouleau. J'étais dans la natte pêle-mêle avec mon cocher et mon bagage. La pluie tombait à torrents. J'arrivai à Viborg, capitale de la Karélie, harassé, couvert de boue, mouillé jusqu'aux os. Un ingénieur et un contre-maître qui m'accompagnaient, plus habitués que moi à cette manière excentrique de voyager, souriaient au milieu de nos vicissitudes, et jetaient quand même, aux bois et aux rochers, le cri de : « Vive Napoléon ! »

Puis une caravane finlandaise, qui nous avait rejoints en route, chantait en chœur, au bruit des rafales et des mugissements du vent à travers les pins sauvages, ce chant splendide inspiré au poëte Topelius par le *Retour des cendres de l'Empereur* :

« Une grande nouvelle, une nouvelle merveilleuse retentit à travers le monde. Voici l'homme du siècle qui renaît à la France ! La pierre qui le retenait captif a été brisée, et il arrive porté sur les vagues, à son rivage bien-aimé, aux champs illustrés par ses exploits !

« Ah ! lorsqu'il était loin de la patrie de sa gloire et que l'Océan, fier d'un pareil hôte, faisait éclater l'orgueil de ses flots, comme son cœur se brisait sur le rivage solitaire, comme ses yeux cherchaient la France ! Assis sur la tombe de son bonheur, il contemplait, silencieux, la mer, la mer vaste et sauvage ! Qui donc eût pu comprendre le mystère de sa douleur ?

« Et le soleil s'était incliné vers les flots, et les flots, couverts d'une pourpre mourante, semblaient dire au prisonnier : « Voici l'heure où tes chaînes vont tomber; pour toi, le temps est trop petit; l'éternité te réclame ! »

« Et la nuit succéda aux angoisses du jour ; et les vents brisèrent les hauts palmiers ; et le *Grand* s'endormit parmi les morts.

« Il dort sous la pierre solitaire ; nul de ses guerriers ne partage sa couche. Ils dorment, eux, dans les champs de l'Espagne ou sur les rives fécondes du

Nil, ou dans les neiges ensanglantées de la Russie. Race magnanime dont les ossements tressaillent encore de la gloire magnanime de son chef.

« Et ceux qui ne dorment pas, ceux qui vivent encore regrettent de ne pas habiter dans une des mille tombes de Waterloo. Leur étoile s'est couchée sous la terre, et, sur la terre, il ne leur reste que le bâton du pèlerin des douleurs.

« L'aigle français saigne dans la poussière et ses ailes sont brisées. Le voyez-vous dans ce coin reculé du monde, seul refuge qui lui soit donné? Il est là, morne, silencieux, tandis que l'étranger blasphème dans le port d'Albion son nom grand, son nom fier, son nom puissant, et jette le mépris sur la gloire de ses exploits.

« Ainsi passe la génération qui a vu sa chute et qui a été couverte du sang de ses combats. Le bruit éclatant de sa renommée réveille et instruit les temps nouveaux. Et ils lui élèvent des statues, et les jeunes poitrines battent d'un mystérieux courage. Voici l'heure du banquet du siècle !

« Entendez-vous ce cri qui ébranle les montagnes et les vallées? C'est le héros qui revient à la France. Albion a brisé le sceau du sépulcre, et le sépulcre a rendu sa grande proie. Le voyez-vous s'avancer vers le pays de sa gloire? La France l'attend sur les bords de la Seine; tous les cœurs tressaillent de joie et d'orgueil, tous les yeux pleurent.

« Il est muet, mais qu'il parle puissamment avec la

langue du souvenir! Le tonnerre d'Austerlitz gronde, les éclairs de Marengo brillent; les vieux braves, à la poitrine sillonnée, entendent comme autrefois la voix de leur chef et se sentent rajeunir.

« Un ardent enthousiasme exalte toutes les âmes. On soupire après les tempêtes, après la guerre. Un mouvement d'orage semble emporter le siècle. Mais le héros repose dans le calme et dans la paix; il ne se doute pas de toute la gloire dont on le couronne.

« Ah! sa gloire, elle était rouge comme du sang; il passa sur le monde comme une tempête à la fois dévastatrice et féconde; il était riche en larmes et en trépas partout où il portait sa course victorieuse. Fatalité de la conquête! Mais la tombe a purifié l'éclat de sa renommée; et la France ne connaît pas de nom plus grand que son nom, d'épée pareille à son épée! »

Le mauvais temps, qui m'avait assailli sur la route de Viborg, me suivit jusqu'à Frédérickshamn, et de là, à travers les milliers d'îlots et de récifs qui dans ces parages hérissent le golfe de Finlande jusqu'à Hogland. Je mis quatre jours et quatre nuits pour faire quinze lieues de mer; et sur quel équipage? Sur une petite barque pontée, où je n'avais d'autre abri que la cabine du capitaine, grande tout au plus comme la loge d'un bouledogue, cabine qu'un poêle de fonte allumé et éteint cinq ou six fois par jour transformait tour à tour en étuve ou en glacière. Aussi, indépendamment du mal de mer, j'étais encore tourmenté d'un rhume atroce et d'une fièvre incessante. Enfin, Hogland se dressa à l'horizon.

L'île de Hogland est située entre le 59° degré 55 minutes de latitude Nord et le 24° degré 19 minutes de longitude Est. A la voir de loin, on dirait un amas de ces tertres funéraires dans lesquels les anciens Scandinaves ensevelissaient leurs rois et leurs guerriers. L'un des plus hauts est l'*Haukawor* (montagne de l'Aigle), dont le double pic est couronné de noirs sapins sans cesse battus par les orages. Autour de l'île, une grève morne et dévastée, et à ses deux extrémités deux petits villages : *Pohja-Kulla* (village du Nord), *Launa-Kulla* (village du Sud). On compte à Hogland six cent quarante habitants, lesquels parlent le finnois et l'esthonien, et professent la religion luthérienne. Inaccessibles aux révolutions qui agitent le monde, ils vivent calmes et paisibles au milieu de leurs flots, pêchant le veau marin et le *stromming* (sorte de petit hareng), dont ils font à la fois leur nourriture et un objet de commerce. Un pasteur, résidant à Pohja-Kulla, leur prêche l'Évangile, les baptise, les marie et les enterre ; un *länsman* (maire) juge leurs différends et les administre au nom du gouvernement impérial de Russie, dont ils relèvent depuis 1710.

Il serait difficile de rencontrer un pays plus richement doué, sous le rapport minéralogique, que l'île de Hogland. Le porphyre y règne du nord au sud, sur une longueur de près de deux lieues, et une largeur d'une demi-lieue. Le reste du sol est composé de granit, de gneiss, de spath calcaire, de diorit, et des affinités combinées de ces divers éléments. Les tons du porphyre varient du jaune au vert et du vert brun au rouge. On le trouve en couches horizontales et profondes, ou en blocs épars sur le rivage. Les Hoglandais s'en servent pour faire les fondations de leurs cabanes.

L'exploration que j'entrepris fut poussée avec vigueur ; mais malheureusement le résultat ne répondit point à mon attente : je ne pus trouver dans le porphyre de Hogland ni les dimensions ni l'homogénéité de couleur qui étaient réclamées par mes instructions.

VI.

Me voilà maintenant dans le gouvernement d'Olonetz, c'est-à-dire à environ trois cents lieues de l'île de Hogland. Il avait bien fallu me résoudre à cette extrémité. Du reste, de nouvelles informations m'ayant appris que je trouverais encore dans cette contrée des carrières de porphyre libres et vierges, j'avais tout lieu d'espérer que je pourrais éluder les obstacles que je redoutais.

Il serait long de raconter toutes les péripéties de ce nouveau voyage. Ce que j'ai dit de la route qui sépare Saint-Pétersbourg de la frontière de Finlande ne caractériserait que bien faiblement celle que j'eus à parcourir. Mais peut-on donner le nom de routes à ces lignes d'une largeur indéfinie, couvertes le plus souvent d'un sable profond ou d'une boue épaisse, sillonnées de forêts à peine défrichées, et coupées en mille endroits par d'abominables rondins ou par des ponts de bois mobiles et grossièrement travaillés? Or, si l'on excepte trois ou quatre grandes chaussées, véritables merveilles de construction, tel était, en 1846, l'état de toutes les routes intérieures de la Russie. Les nationaux eux-mêmes étaient les premiers à le déplorer.

J'emmenais avec moi dans ce second voyage le même ingénieur et le même contre-maître qui m'avaient déjà accompagné à Hogland. C'étaient deux hommes nécessaires; l'ingénieur, un Italien depuis longtemps établi en Russie, nommé Bujatti, était en outre un homme agréable, dont la société contribua beaucoup à m'alléger les fatigues de la route et à me distraire de ses ennuis.

Un jour, non loin de Novaia-Ladoga, au sortir d'une forêt qui ne nous avait pas pris moins de trois heures à traverser, nous arrivâmes devant un moulin à vent dont la haute carcasse en bois s'élevait au dessus d'une colline, entourée d'une de ces fortes palissades que l'on rencontre fréquemment en Russie.

Nous fîmes halte pour nous reposer quelques instants sur le gazon encore vert qui recouvrait la colline, nous tirâmes en même temps de notre calèche quelques provisions de bouche.

Mais à peine avions-nous commencé notre repas, que tout à coup la porte du moulin s'ouvrit avec fracas et nous en vîmes sortir une troupe de quinze à vingt individus, mâles ou femelles, accoutrés de la façon la plus grotesque. C'étaient des tziganes ou bohémiens que le meunier hébergeait depuis la veille. Ils avaient dormi sur des sacs de farine, ce qui avait produit un singulier ravage dans l'écarlate des oripeaux qui les couvraient. Mais les tziganes n'en avaient souci ; ils dansaient, gambadaient, chantaient, fiers, ce semble, de la nouvelle originalité que la teinture du moulin avait ajoutée à leur personne.

Parmi la partie féminine de la troupe, deux jeunes filles nous frappèrent par leur étonnante beauté. Elles étaient sveltes, élancées, riches de corsage et de cheveux. Elles avaient le teint brun des Mauresques, les yeux fauves et ardents. Une sorte de fierté sauvage respirait dans leurs traits ; on voyait que la débauche n'avait point passé par là. C'est que la plupart de ces filles de la steppe portent, sinon un cœur de bronze, du moins une vertu peu vulgaire. Elles peuvent céder à l'amour, elles ne se vendent pas.

La brusque irruption de ces bohémiens nous avait mis de bonne humeur. Nous leur demandâmes une de leurs représentations nationales. Ils ne se firent pas prier ; et alors commencèrent, sur une petite esplanade qui s'étendait devant le moulin, ces danses ou plutôt ces contorsions incroyables, ces chants affreusement criards et discordants auxquels j'avais assisté déjà plus d'une fois aux bals de l'Opéra de Saint-Pétersbourg.

Le programme des chants et des danses étant épuisé, les deux jolies filles vinrent nous présenter leur escopette. Nous y laissâmes tomber quelques pièces d'argent, puis nous nous levâmes, et je donnai le signal du départ. D'un bond notre postillon fut sur son siége ; nous reprîmes non moins vite chacun notre place ; mais au moment où nos chevaux nous enlevaient, voici que toute la troupe bohémienne se précipite de notre côté, gesticulant et criant à tue-tête.

Je fis arrêter.

« Que voulez-vous donc, diables d'enfer ? leur demandai-je d'un ton d'impatience.

— Une grâce, répondit celui qui paraissait être le chef de la troupe.

— Quelle grâce?

— Celle de vous accompagner dans votre voyage.

— Mais que ferions-nous de vous ?

— Nous vous amuserons.

— Merci ! nous préférons voyager seuls.

— Ah ! c'est que vous allez tant vous ennuyer dans ce triste pays !

— Qu'importe ? »

Et j'eus toutes les peines du monde à les dissuader de leur projet. On comprendra que j'avais peu d'envie de voyager en pareille société. Ces bohémiens sont d'une opiniâtreté et d'une indépendance que rien ne peut faire plier. Ils sèment des débris de leur race mystérieuse presque toutes les plaines de la Russie. En vain le gouvernement cherche-t-il à les rattacher à des centres provinciaux et à les envelopper dans la loi commune, leur humeur nomade l'emporte ; ils ne se sentent à l'aise qu'à l'ombre des forêts ou dans les sables déserts de la steppe.

VII.

Arrivé dans le gouvernement d'Olonetz, je m'établis chez un paysan, dans un petit village appelé Ignatewskoï. De là, j'explorai tous les bords du lac Onéga et du fleuve du Svir, marchant à travers les marais et les déserts, les rochers et les bois ; tantôt à pied, tantôt à cheval, en bateau, en voiture, en traîneau ; couchant sur la dure, mangeant le pain noir du moujik, tourmenté par toutes les incommodités d'une vie misérable et sauvage. Enfin, mes travaux furent couronnés d'un plein succès. A une lieue environ de carrières déjà effleurées, dans un endroit nommé Chokcha, je trouvai une mine de porphyre rouge inexploitée dont l'homogénéité de ton et les masses colossales répondaient en tout point aux conditions de mon programme.

Le gouvernement d'Olonetz confinant à la Finlande, dont il faisait autrefois partie, offre dans son climat et dans son sol à peu près les mêmes phénomènes que ce dernier pays. Partout granit et porphyre, sapins et bouleaux; nuit éternelle pendant l'hiver, soleil sans fin pendant l'été. Mais les habitants d'Olonetz n'ont plus rien de cette probité inviolable, de cette nature vierge qui caractérisent les Finlandais. Tailleurs de pierre, artistes même, pour la plupart, ils colportent leur industrie dans les villes, d'où ils rapportent le plus souvent une astucieuse cupidité et d'autres vices plus odieux encore. Parmi ceux qui échappent à la contagion, on rencontre des prodiges de naïveté et de superstition. Ainsi, il en est qui s'abstiennent de tabac, parce que, disent-ils, le Christ n'a jamais ni prisé ni fumé; d'autres, à l'aspect des rocs amoncelés et tourmentés par les torrents, vous affirment, de l'air le plus sérieux, que cela remonte au tremblement de terre du vendredi saint. Certains paysans que le travail a enrichis se plaisent à orner les autels des dons les plus magnifiques; j'en ai même vu qui poussaient le zèle jusqu'à bâtir à leurs propres frais de véritables basiliques. L'idiome en usage dans le gouvernement d'Olonetz est un russe corrompu mêlé de karélien ou vieux finnois. Les hommes y sont encore assez beaux, mais les femmes excessivement laides; je n'y ai pas rencontré une seule jeune fille d'une physionomie avenante.

Un jour Pierre le Grand, voyageant incognito dans ces contrées, où il faisait exécuter des travaux maritimes, rencontra un gros individu qui se rendait à Saint-Pétersbourg.

« Qu'allez-vous donc faire à Saint-Pétersbourg ? lui dit tout à coup le tzar.

— J'y vais pour me faire traiter.

— Et de quoi, s'il vous plaît ?

— De cet embonpoint qui me fatigue, et dont j'ai tenté vainement de me débarrasser.

— Connaissez-vous quelque médecin à qui vous puissiez confier cette cure intéressante ? demanda Pierre en souriant.

— Non, aucun.

— Eh bien ! je vais vous donner un mot pour mon ami le prince Mentschikoff, il vous adressera à un des médecins de l'empereur. »

A peine arrivé à Saint-Pétersbourg, notre voyageur n'a rien de plus pressé que de se rendre chez Mentschikoff pour lui remettre le billet de son officieux inconnu. La réponse fut prompte. Le lendemain, une charrette de poste traversait avec fracas les rues de la capitale, et, sur cette charrette, on voyait un gros homme, pieds et poings liés, se débattre entre deux argousins.

« Qu'est-ce donc que cela ? demanda un passant.

— Oh ! rien ; un méchant diable que nous menons aux mines. »

Deux ans s'écoulèrent. Pierre le Grand eut la fantaisie d'aller visiter les mines ; mais depuis longtemps l'aventure de l'homme à l'embonpoint était sortie de sa mémoire ; et certes, la physionomie des gens qui travaillaient sous ses yeux n'était guère propre à la lui rappeler. Tout à coup un individu, jetant au loin sa pioche, s'élance vers lui et tombe à ses genoux

« Grâce! grâce! » s'écrie-t-il.

Pierre le regarde étonné. Puis, le reconnaissant :

« Ah! c'est vous? Eh bien! j'espère que vous êtes content de moi. Vous voilà débarrassé de votre embonpoint, maintenant. Quelle taille mince et fluette! Excellente cure, en vérité! Allez, et souvenez-vous que le travail est le meilleur antidote contre votre maladie. »

Le *forçat libéré* quitta sans regret cette mine qui lui avait servi d'hôpital, jurant de se traiter désormais, fût-il *in extremis*, sans le secours des médecins de l'empereur.

Il faut avouer que Pierre le Grand poussa un peu loin la plaisanterie avec son infortuné sujet. Il eût pu lui rendre le même service, en lui enjoignant de voyager pendant quelques semaines dans l'intérieur de son empire, sans autres provisions de bouche que celles qu'il trouverait sur sa route. Littéralement, on n'y trouve rien, rien que puisse aborder un estomac tant soit peu civilisé. C'est là ce qui rend si dispendieux les voyages en Russie, car il faut tout emporter avec soi, et ceux qui ont vécu à Saint-Pétersbourg savent à quel prix y sont cotés les objets de consommation. Les seigneurs russes voyagent toujours avec maison entière. Aussi les aridités de la steppe leur sont-elles peu sensibles; ils retrouvent là, comme dans leurs somptueux palais, leur maître d'hôtel et leur cuisinier.

Rappelons que tous ces souvenirs remontent à 1846. Bien des changements se sont opérés depuis.

VIII.

Ainsi donc c'est du gouvernement d'Olonetz, c'est-à-dire de l'ancienne Finlande, ou Karélie, que nous vient le porphyre du tombeau de l'Empereur. Lors du dernier voyage que j'ai fait en 1852 dans ce pays, je l'ai trouvé encore tout plein de ce mémorable événement. Un poëte finlandais l'a célébré dans une pièce de vers qui mérite d'être citée :

« Versez le champagne écumeux, le vin, le noble vin de France ! Camarades ! un verre de champagne pour l'empereur Napoléon !

« Dans l'église des Invalides, à Paris, un tombeau s'élève, destiné à sa glorieuse poussière. Garde à vous ! De vieux braves au corps décrépit, mais à l'âme puissante, font sentinelle autour de ce tombeau.

« Ils sont là, comme autrefois à Austerlitz, protégeant le sommeil de leur maître. Entendez-vous déjà sonner l'heure de son réveil ?

« Versez le champagne écumeux, le vin, le noble vin de France ! Camarades ! un verre de champagne pour l'empereur Napoléon !

« Mais voyez-vous ce bloc de porphyre ? Il couvre

de sa masse pesante les rêves mystérieux du héros. Étrange destinée que celle de cette pierre !

« Napoléon était à Tilsitt ; tout l'univers s'inclinait devant lui, et, de sa main victorieuse, il distribuait des trônes et des couronnes ; et la Finlande, l'obscure Finlande, vint fixer un instant sa pensée...

« Maintenant, quarante ans se sont écoulés ! La chaîne de la puissance de l'Empereur a vu briser tous ses anneaux. Mais la Finlande lui reste fidèlement attachée ; elle lui envoie un gage de sa reconnaissance : un bloc de porphyre arraché de son sein. Pouvait-elle mieux honorer le sépulcre du dieu ?

« Versez le champagne écumeux, le vin, le noble vin de France ! Camarades ! un verre de champagne pour l'empereur Napoléon ! »

IX.

La carrière de porphyre étant trouvée, il ne restait plus qu'à la mettre en exploitation. Pour cela, deux choses étaient à faire : d'abord, obtenir du gouvernement russe les autorisations nécessaires, le porphyre étant situé dans un terrain appartenant à la couronne ; puis traiter avec un homme compétent pour son extraction et son transport en France. Cette dernière tâche était facile, l'ingénieur Bujatti, qui m'avait accompagné dans mes voyages, m'offrant toutes les conditions d'habileté désirables. Il n'en était pas de même de la première. Sans parler d'autres obstacles qui tenaient à des compétitions de personnes, je me trouvai en présence d'un conflit d'attributions entre deux centres administratifs desquels dépendait la solution que je réclamais. Je dus consacrer beaucoup de temps et d'efforts à les concilier.

Enfin, l'affaire du porphyre arriva jusqu'aux régions suprêmes. Grand admirateur de Napoléon, l'empereur Nicolas, satisfait de ce qu'on vînt lui demander une pierre pour son tombeau, l'accorda généreusement et m'en fit donner notification officielle.

Il se passa ici une scène émouvante. C'était en plein conseil des ministres. Le prince Wolkousky, ministre de la maison impériale, présenta à l'empereur la requête que je lui avais adressée.

L'empereur s'en fit donner lecture.

« Quelle destinée ! dit-il alors d'une voix grave ; cet homme, nous lui avons donné le premier coup de la mort par l'incendie de notre antique et sainte capitale, et c'est à nous qu'on vient demander sa tombe ! Qu'on accorde à l'envoyé du gouvernement français tout ce qu'il désire et qu'on ne perçoive point de droit. »

A ce propos je dois relever un fait mal expliqué par les divers journaux qui se sont occupés du sarcophage de Napoléon. La plupart ont prétendu que l'empereur de Russie en avait fait cadeau à la France ; de sorte qu'à les en croire, le sarcophage ne nous aurait absolument rien coûté. C'est là une grave erreur. Ce que nous devons à l'empereur de Russie, c'est la concession gratuite du droit d'exploiter le porphyre, droit qui avait été estimé six mille francs. Quant à l'exploitation, si l'on y joint les frais d'exploration et de transport, elle nous revient à environ deux cent mille francs. Mais ce qui, dans les circonstances où nous nous trouvions, donnait à la concession du tzar un prix inestimable, c'est que par elle toutes les oppositions, toutes les cabales soulevées contre nous rentraient dans le néant, et que désormais toute facilité était ouverte à mes opérations.

M. Bujatti, mon ingénieur, se mit donc à l'œuvre avec un courage, une énergie que je ne saurais assez louer. Tombé moi-même malade par suite des fatigues d'une mission aussi compliquée, je fus obligé de rentrer temporairement en France. Un attaché de l'ambassade, M. Cazener, des bons offices duquel j'avais eu souvent à m'applaudir, se rendit à ma place à la carrière pour constater les résultats de l'exploitation. Ils avaient dépassé tout ce qu'on pouvait en attendre. Non-seulement on avait réussi à extraire en état de parfaite homogénéité les blocs nécessaires pour la caisse et les compartiments inférieurs du sarcophage, mais encore la masse gigantesque qui devait en former à elle seule le couvercle et la corniche[1].

[1] Ces blocs, au nombre de quinze, devaient former ensemble sept cent vingt-six pieds cubes. L'un d'eux, qu'on a pu voir sur le quai d'Orsay ou aux Invalides, porte à lui seul treize pieds de long sur six pieds et demi de large, et pèse 200,000 kilos. C'est une des pièces les plus colossales qui aient jamais été tirées d'une carrière.

Que d'efforts n'avait-il pas fallu pour arriver à ces résultats ! Comme tous les blocs devaient présenter dans leur ensemble un ton rouge, uni, homogène, on détachait de chaque bloc nouvellement extrait un morceau que l'on faisait polir pour le comparer aux précédents. Quand le ton concordait, le nouveau bloc était mis en réserve et livré aux équarrisseurs. Mais combien de fois le polissage et l'équarrissage ne révélaient-ils pas en lui des vices cachés qui obligeaient de le mettre de côté ! Pour fournir les quinze blocs demandés, on a dû en extraire près de deux cents. Aujourd'hui les bords du lac Onéga, dévastés par la mine, n'offrent plus que l'image d'un lugubre cataclysme, digne souvenir de l'illustre mort auquel ils ont donné une tombe.

Les journaux n'ont pas manqué, comme je le disais plus haut, de s'occuper du porphyre impérial. Les uns en ont parlé avec enthousiasme, le plus grand nombre avec hostilité : ceux-ci lui reprochant son origine russe, ceux-là le traitant de matière bonne tout au plus à faire des escaliers et à paver des antichambres ; d'autres le déclaraient friable, impolissable, que sais-je? On prétendait que le rouge antique abondait dans une foule de localités de la France, et que par conséquent il était parfaitement inutile d'aller le chercher aussi loin. Toutes ces récriminations plus ou moins malveillantes, plus ou moins intéressées, ont été victorieusement réfutées ; l'architecte du monument n'a pas même hésité à invoquer pour cela le concours des tribunaux, et à provoquer les déclarations des hommes spéciaux les plus compétents. Je ne citerai qu'une note émanée de feu M. Cordier, membre de l'Académie des sciences, inspecteur général des mines et professeur au Muséum d'histoire naturelle.

« La matière apportée de Russie pour le tombeau de Napoléon est un grès monumental de la plus belle et de la plus rare espèce, qui, pour les qualités recherchées dans les arts, n'a d'analogie qu'avec le porphyre monumental de l'Égypte, quoiqu'il appartienne à une époque géologique infiniment plus ancienne. Il offre la riche couleur du marbre rouge antique, dont les carrières n'ont pas encore été retrouvées. Il est extrêmement dur et formé de grains tellement fins et tellement égaux, que, lorsqu'il a été travaillé, il présente l'aspect d'une pâte homogène et un peu translucide, circonstance qui ajoute aux effets de la lumière. Sa finesse et sa dureté permettent de lui donner les arêtes les plus vives et le poli le plus parfait et le plus durable. Sa composition offre cette particularité curieuse, que les grains quartzeux sont intimement pénétrés de la substance colorante, et qu'une partie sont aventurinés. A ces qualités éminentes, il s'en joint une autre qui n'est pas moins remarquable, c'est de former dans les carrières d'où il provient des assises puissantes et régulières qui sont transversalement divisées en blocs de la plus grande dimension, parfaitement sains et d'une égalité de teinte irréprochable; d'où il suit qu'on peut en faire la matière des plus grands monolithes[1]. » Le nom de M. Cordier tranchera la question, j'espère.

Du reste, faut-il s'étonner des appréciations erronées ou peu sympathiques des journaux dans l'affaire du porphyre, lorsqu'une commission officielle nommée en 1848 s'est comportée dans cette affaire d'une si étrange façon? Mais à quoi bon revenir sur de pareils détails? Dans un rapport à l'Assemblée législative, consacré par une des majorités les plus imposantes, M. de la Rochejaquelein a mis fin à toutes ces injustices en restituant à chacun le mérite et la loyauté de ses œuvres.

X.

L'extraction du porphyre étant terminée, on s'occupa de son transport en France. Longue était la route ; il fallait traverser le lac Onéga, le fleuve de Svir, le Wolkoff, le canal Ladoga, la Néva, le golfe de Finlande, la mer Baltique, la mer du Nord, et du Havre remonter la Seine jusqu'à Paris. La saison d'ailleurs était peu propice, car l'automne avait déjà

[1] Le même porphyre dont est composé le sarcophage de l'empereur Napoléon a été employé en Russie pour les colonnes de l'iconostase de la cathédrale d'Isaac. C'est de la part des Russes un témoignage bien éclatant en faveur de cette pierre, que de l'avoir préférée, pour la partie la plus sainte de leur temple national, aux splendides matériaux tirés des carrières les plus renommées de l'Europe, qui y brillent d'ailleurs de toutes parts.

déchaîné ses pluies et ses tempêtes; et le lac Onéga, qui le premier devait recevoir la cargaison, paraissait menaçant. Un sinistre événement faillit, en effet, tout compromettre. A peine les blocs étaient-ils chargés sur une barque spécialement appropriée à cet usage, et le vapeur chargé de la remorquer agitait-il ses roues, qu'un ouragan terrible s'élevant tout à coup les poussa violemment contre les rochers. La barque eut un de ses flancs déchiré, et plusieurs blocs roulèrent au fond de l'abîme. Cependant on fut assez heureux pour sauver la partie la plus précieuse de la cargaison. Mais le retard causé par cet accident fit ajourner le transport du porphyre jusqu'à l'année suivante. Enfin, après trois mois de pénible traversée, il arriva au quai d'Orsay, où tout Paris accourut le voir et l'admirer. Transporté du quai aux Invalides, il resta là sur les chantiers, près de deux ans encore, recevant, sous l'habile direction de M. Séguin et à l'aide d'une puissante machine à vapeur, la forme définitive du sarcophage. Aujourd'hui, comme nous l'avons dit, il se dresse au milieu de la crypte funéraire, et, depuis le 3 avril, il renferme dans sa couche monumentale les cendres du grand capitaine.

Paris. — Typogr. G. Chamerot, rue des Saints-Pères, 19.

www.ingramcontent.com/pod-product-compliance
Ingram Content Group UK Ltd.
Pitfield, Milton Keynes, MK11 3LW, UK
UKHW021116290826
14628UKWH00014B/2566

9 782019 133405